介護予防に役立つ

閉じこもり予防のレクリエーション活動支援マニュアル

余暇問題研究所　著
山崎律子／上野 幸　編
東郷聖美　絵

ミネルヴァ書房

はじめに

支援・介護を必要とする高齢者は、ともすれば支援や介護を受けての食事、排泄、睡眠だけの生活を余儀なくさせられます。そのような生活には“人間として生きる尊厳”や“楽しさ、感動”などがどこにあるのでしょうか？

支援・介護を必要とする高齢者が、楽しさや感動を享受しながら過ごせるような支援活動を、レクリエーション（レク）専門職として、十数年にわたり続けてきました。

しかし、介護関係の施設のなかには「レクは、集団でするゲームや歌、踊りだけ。趣味・教養講座や行事・外出・健康体操などはレク活動ではない」などと、依然として狭い理解によって運営されているところがあります。

私どもは、支援・介護を必要とする高齢者のレクとは、ご自身が楽しめる遊びを“上手に楽しみましょう”と働きかけることと解釈しています。もちろん、これは“人間として生きる尊厳、楽しさ、感動”する機会を提供することに直接つながります。

この前提を踏まえて今回は、介護予防での最重要課題の一つ“閉じこもり予防”に効果的と思われる施設でのレク活動のうち、年中行事への参加、外出プログラムの実施、グループゲームへの参加、手軽にできる体操などを取り上げました。種目紹介に止まらず、どうやって支援していくかに重点をおきました。

上記に加えて、各項目ごとに“変化を知る”と題して、ごく実用的・現場的立場から、観察・評価の項目・方法を述べさせていただきました。これは、利用者個々人の変化を見る視点がたいへん大切であると思うからです。

最後になりましたが、この本の編集・執筆に関しては髙橋和敏先生（東海大学名誉教授、当研究所顧問）の適切なアドバイスを受けました。厚くお礼を述べさせていただきます。また、いつも暖かく見守ってくださり、この本の刊行をお引き受けくださいましたミネルヴァ書房杉田啓三社長に深く感謝いたします。

余暇問題研究所
山崎律子、上野　幸

『閉じこもり予防の レクリエーション活動支援マニュアル』
この本の使い方

※まず最初にこのページで本書のしくみを理解してから、お読みください。

この本には、レクリエーション活動のうち、閉じこもり予防に効果的なプログラムを４つの章に分け、各章で12～13ずつ紹介しています。それぞれのプログラムについて、プログラムを通じて期待できる効果、対象者、実施方法、実施するうえでのポイントと注意点を示してあります。具体的な方法を挙げ、実際の活動支援に役立つようになっています。

また、各章末の「利用者の変化を知る――そのポイントと方法」には、実際のレクリエーション活動に即して使える評価用チェックリストの見本を掲載しました。各施設の状況に合わせて、参考にしてください。そのままコピーして使うこともできます。

各ページの構成は、次のようになっています。

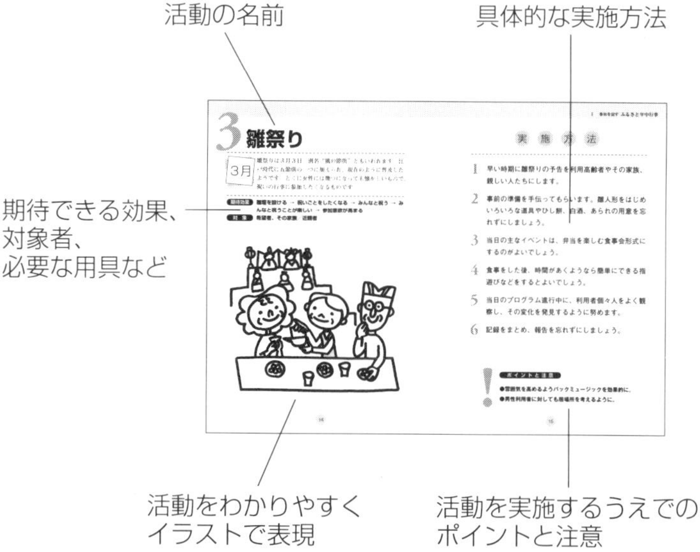

目次

介護予防に役立つ
閉じこもり予防のレクリエーション活動支援マニュアル

Ⅳ 健康いちばん 手軽な体操………101

カバー・本文イラスト　東郷聖美
装丁・本文デザイン　栗谷佳代子
企画編集　SIXEEDS

I

参加を促す
ふるさと年中行事

1 大晦日の飾りつけから新年会へ

12月〜1月

正月は、日本では昔からめでたさの代表的な行事です。その準備は大晦日にピークを迎えます。松の飾りつけ、供え餅の用意などは、正月行事においては新年会とともに欠かせないものです。

期待効果 みんなで新年を祝う → みんなでいることの楽しさを実感する

対　象 希望者

実施方法

1 大晦日の準備から参加してもらいましょう。

2 下準備を十分にしましょう。

3 早い時期から地域にもＰＲをして、利用者や家族の参加意識を高める必要があります。

4 当日の役割・分担をあらかじめ決めて、協力体制を整えておきましょう。

5 当日のプログラム進行中に、利用者個々人をよく観察し、その変化を発見するように努めましょう。

6 できるだけ早く全体の記録をまとめて、報告しましょう。

＊詳しいマニュアルは、『介護予防に役立つパーティ・イベント支援マニュアル』（ミネルヴァ書房、2005）を参考にしてください。

ポイントと注意

●利用者個人が認められている実感をもつように。

●無理にさせようとしないこと。

2 節分の豆まき

2月

節分は、立春の前の日に行われる行事です。いった豆を升に盛り、年男や年女が「鬼は外、福は内」と唱えながら家の内外にまく豆まきを主なイベントとします。これは豆(穀物)の力で悪霊を退散させようとするもので、おはらいの意味があるそうです。

期待効果 豆まきを楽しむ → みんなでいることの楽しさを実感する → プラス思考が高まる

対 象 希望者、その家族／近親者

実 施 方 法

1 いり豆、升、鬼面などを用意します。主なイベントとして寸劇を予定しておきましょう。

2 下準備を十分しましょう。

3 当日の役割・分担をあらかじめ決めて、協力体制を整えておきましょう。

4 当日は、利用者を主体にするプログラムを立てておきます。

5 当日のプログラム進行中に、利用者個々人をよく観察し、その変化を発見するように努めましょう。

6 できるだけ早く全体の記録をまとめて、報告しましょう。

ポイントと注意

- **よい励まし、誘いが鍵。**
- **1人が続けてやり過ぎないこと。**

3 雛祭り

3月

雛祭りは3月3日。別名“桃の節供”ともいわれます。江戸時代に五節供の一つに加えられ、現在のように普及したようです。とくに女性には幾つになっても懐かしいもので、祝いの行事に参加したくなるものです。

期待効果 雛壇を設ける → 祝いごとをしたくなる → みんなと祝う → みんなと祝うことが楽しい → 参加意欲が高まる

対　象 希望者、その家族／近親者

実施方法

1 早い時期に雛祭りの予告を利用高齢者やその家族、親しい人たちにします。

2 事前の準備を手伝ってもらいます。雛人形をはじめいろいろな道具やひし餅、白酒、あられの用意を忘れずにしましょう。

3 当日の主なイベントは、弁当を楽しむ食事会形式にするのがよいでしょう。

4 食事をした後、時間があくようなら簡単にできる指遊びなどをするとよいでしょう。

5 当日のプログラム進行中に、利用者個々人をよく観察し、その変化を発見するように努めます。

6 記録をまとめ、報告を忘れずにしましょう。

ポイントと注意

- **雰囲気を高めるようバックミュージックを効果的に。**
- **男性利用者に対しても居場所を考えるように。**

4 春彼岸

3月

３月18日は彼岸の入り。祝日である春分の日は、ちょうど彼岸の中日にあたります。昼と夜の時間が同じになる日で、その前後７日間を春彼岸といいます。この期間に祖先の墓参りや法要を営むことが仏教での大切な行事とされています。

期待効果 おっくうだが出かけてみる → とにかくお参りしてよかった → 墓参りとともに親族に会えてうれしかった

対　象 希望者、その家族／近親者

実施方法

1 早い時期に、利用者を通して、お墓参りや法要を行うことを、その家族にも知らせます。

2 希望を募り、参加には受益者負担の了解を得ておきましょう。

3 担当者は、ボランティアのサポートを受けて、それぞれコンダクターを配置します。

4 車両が必要な場合は事前に連絡をとり、準備をしておきます。

5 コンダクターは、グループの全員をくまなく把握する必要があります。

6 行事が終わったら、できるだけ早く報告しましょう。

ポイントと注意

- 楽しさ感と達成感が鍵。
- 責任の所在を明らかに。

5 地域春祭りへの参加

4月～5月

祭りの時期は地域によって異なりますが、その地域にとって年一度のもっとも大きな年中行事です。

期待効果 活気のあることに驚く → 楽しそうだと感じる → また参加したいと思う

対　象 希望者、その家族／近親者

実施方法

1 祭りが近づいたら、利用者、その家族、親しい人などに予告し、参加を呼びかけます。

2 地域の担当者に連絡して、グループとして祭りを観たいとの要望を伝えます。

3 当日、実際に担当する職員間の打ち合わせをして協力体制を整えます。

4 施設からの交通手段をあらかじめ考えておきましょう。

5 混雑が予想されるので、その対応を考えておきます。

6 ただ見物するだけではなく、興味をひくこと（おそろいのハッピやうちわなど）を考えましょう。

7 気候の変化に対応できるようにします。

8 行事が終わったら、直ちに報告します。

ポイントと注意

- **できるだけ身近に感じさせるように。**
- **１人だけになることを避ける。**

6 端午の節供

5月

端午の節供は、“五月節供”とか“菖蒲節供”ともいわれます。子どもたちが強く健やかに成長するように、五月人形を飾り、鯉のぼりを上げます。高い竿に上げるところもあれば、川幅一杯に横切って上げるところもあります。鯉のぼりや鍾馗人形を飾るなどして、柏餅を食べたり菖蒲湯に入る機会を提供したいものです。

期待効果 行事を好意的に感じる → 懐かしく感じる → 懐かしく感じ、気持ちを動かす

対　象 希望者

実 施 方 法

1 時期が近づいたら、地域全体にきめ細かく、端午の節供に菖蒲湯の提供や柏餅のサービスをするということをＰＲします。できれば受益者負担が望ましいでしょう。

2 担当をはっきり決め、担当者間の準備・協力体制を整えます。

3 柏餅は、好みがあるので、ふつうのこしあん、つぶあん、味噌あんの各種を用意しておきます。ちなみに柏餅を食べることは厄除けに通じることです。

4 当日は、参加者個々人が満足するように、みんなで協力しましょう。

5 実施中に、個々人をよく観察し、よいところを見つける努力をしましょう。

6 忘れないうちに記録をまとめます。

ポイントと注意

- **雰囲気を大切に。**
- **菖蒲湯に入浴中はとくに目を離さないように。**

7 七夕

7月

ひと昔前までは、七夕といえば、竹を切って盆の用意をする行事。今では星祭りと合体しているのが一般的です。短冊に願いごとを書き、竹の枝先に飾りつけます。高齢者施設でもこの機会に恒例の行事にできます。地域の商店街とタイアップして参加するのもよいでしょう。

期待効果 誘われて参加する → 自分の意思で短冊に書き入れる → 待ち遠しいと感じる

対　象 希望者、その家族／近親者

実施方法

1 七夕が近づいたら、参加希望を募り、ＰＲします。

2 担当者やボランティアを決めます。

3 施設内では、竹を飾りつけ、願いごとを書いた短冊をつけることまで、みんなでするようにしましょう。

4 当日は、七夕会を開き、楽しいひとときにあてましょう。

5 地域で行事があれば、積極的に参加しましょう。

6 全体の雰囲気を高めながら、個々人への配慮も綿密にします。

7 終わったら、遅くならないように記録をまとめます。

ポイントと注意

●家族の理解が鍵。

●事務的にならないように。

8 盆踊りへの参加

7月〜8月

盆の期間は、７月か８月の13日から15・16日までがふつうです。地域の盆踊りは、そのいずれかの日に行われます。精霊を供養するためのものですが、露店も出てお祭り気分が醸し出されます。

期待効果 誘われて参加 → よい雰囲気を感じる → また参加しようと思う

対　象 希望者、その家族／近親者

実 施 方 法

1 時期が近づいたら、ＰＲをして参加者を募ります。

2 人数に応じて、担当者数やボランティア数を決めます。

3 配車が必要なら、その手配をしておきます。

4 会場では、グループがまとまって行動しましょう。

5 ただし、希望を制限しすぎないように、ゆったりした感じをつくりましょう。

6 会場にいる時間は、長くても小一時間程度にしましょう。

7 利用者の健康状況に留意します。

8 帰着したら直ちに報告します。

ポイントと注意

- **担当者やボランティアの服装は、盆踊りの雰囲気を出すように。**
- **利用者の健康状況には常に気をつけるように。**

9 月見

9月

秋の夜空にくっきり輝く満月。それを観賞することは、何かしら心を清められる想いがします。昔から十五夜には、ススキ、ハギ、オミナエシなどの秋草を飾り、縁先で果物、団子、イモ類などを供える風習があります。

期待効果 つきあいで参加 → “いいなあ”と感じる → “大満足だ”

対　象 希望者、その家族／近親者

実施方法

1 時期が近づいたら、月見の会をＰＲして、参加者を募ります。

2 経費は原則として、受益者負担にするとよいでしょう。

3 お供え物の種類を決め、調達方法をあらかじめ考えておきます。

4 月を眺める時間を十分にとり、団子や果物を賞味するゆとりも十分とりましょう。

5 会の時間は、長くて小一時間が限度でしょう。

6 終わったらできるだけ早く報告書をまとめましょう。

ポイントと注意

●月を眺めながらの雑談を大切に。

●全員にくまなく目を配るように。

10 敬老の日

9月

敬老の日は、毎年9月第3月曜日。1966年（昭和41年）に制定された国民の祝日の一つです。とくにこの日を中心に、老人を敬い、長寿を祝うことを目的にしています。この機会に敬老や感謝の心を大いに表現しましょう。

期待効果 誘われて参加 → うれしさを感じる → 喜びを満面に浮かべる

対　象 希望者

実施方法

1 敬老会開催のＰＲをして、参加者を募ります。

2 利用者以外は、受益者負担にするとよいでしょう。

3 調達するものは、早めに手配します。

4 会場の飾りつけは、敬老精神があふれているものがよいでしょう。

5 主役は利用者です。満足のいくように、すべての面で配慮が必要です。

6 終わったらできるだけ早く記録をまとめ、報告しましょう。

ポイントと注意

●最大の目的は、利用者の喜び。

●利用者が飽きることがないように。

11 感謝祭で団子作り

11月

11月23日は、勤労感謝の日。かつては“新嘗祭”でした。天皇が新穀を神にささげ、自らも食べる祭りといわれました。北半球では、洋の東西を問わず、この時季に収穫を神に感謝しています。この機に、みんなで団子を作り、試食会を開いたらいかがでしょう。

期待効果 誘われて参加 → 面白さを感じる → 積極的に参加したい
対　象 希望者、その家族／近親者

実施方法

1 団子作り会をＰＲして、参加希望者を募集します。

2 参加予定者数によって、担当者数、ボランティア数を決めます。

3 あらかじめ、団子の下作り、あん、きな粉などを用意しておきましょう。

4 老幼男女が一緒になり、みんな協力しながら、団子を作るプログラムを進行させます。

5 試食会も一緒にしましょう。

6 よい雰囲気で終わりましょう。

7 終わったら直ぐ報告しましょう。

ポイントと注意

●利用者から団子作りを教わる機会をつくるように。

●安全に留意する。

12 冬至祭り

12月

冬至は、12月23日前後になります。北半球では夜がもっとも長く、昼がもっとも短くなります。「冬至の夜は柚子湯に入り、カボチャやコンニャクを食べると厄除けになる」といわれます。夜でなくても柚子湯サービスや昼食にカボチャ、コンニャクを提供することもよいアイディアです。

期待効果 何となく参加 → 興味をもつ → ぜひ来年も参加したい
対　象 希望者

実　施　方　法

1 冬至祭りのイベントを開き、柚子湯サービスとカボチャとコンニャクを食べることをＰＲして、希望者を募ります。

2 参加予定者数が決まったら、調達すべきものは早めに手配します。

3 昼食はいつもと同じようにしますが、冬至にちなみ、それに関係のある話題を選びます。

4 柚子湯のことも、知っておきましょう。

5 終わったら早めに記録をまとめ、報告しましょう。

ポイントと注意

- **カボチャ、コンニャクを食べる由来を知る。**
- **好き嫌いを考慮すること。**

I 参加を促す ふるさと年中行事

利用者の変化を知る そのポイントと方法

■目的は？

イベント実施により、利用者が喜びを感じているかどうか、その変化（効果）を知り、支援活動の目安として、よりよい支援サービスを目指す。

■対象は？

要支援高齢者

■方法は？

観察・チェック方式

■評価のポイントは？

●観察のポイント

1 観察の前に、利用者の名前と顔が一致するようにします。

2 できるだけ満遍なく見るようにしましょう。

3 特定の個人だけに気をとられないように。

4 観察していることが目立たないようにします。

5 小さなメモ用紙を活用しましょう。

●チェックのポイント

1 直感を信じて迷わないように。

2 記号などを活用して素早くチェックすることに努めましょう。

3 決められたチェック項目に焦点をあててチェックするように。

●記録のポイント

1 記録票には、日付、活動名、記録者名を必ず記入します。

2 判断に迷う記述を避けましょう。

3 累積記録に活用することを念頭におきましょう。

JILSEイベント・チェックリスト06

（要支援高齢者用）

年　　月　　日　　曜日	記録者：	
活動名：		
氏名：		
障害の種類：		
目に見える項目	表情	笑う／3　笑顔を見せる／2　変わらない／1
	言語	歓声を上げる／3　声を上げる／2　無言／1
	動作	大きな動作／3　小動作／2　変わらない／1
計		
特記事項：		

JILSE EVENT FORM0 6

◆チェックリストの特徴

現場の支援者が実行しやすいように“３段階チェック方式”を採用。かつ、“利用者のよいところを見出す”ことを方針に作成されています。

◆チェックリストの使い方

1 このチェックリストは各回用です。全体評価のための累積資料の大切な一部となります。

2 チェックのほかに気がついたことは、特記事項（メモ）欄に忘れずに記入しましょう。

3 記入したら必ず保管しましょう。

◆チェックリストと個人累積記録との関係

1 このチェックリストの記入は、支援者１人につき１回５～６人分が限度でしょう。

2 支援の協力体制が整うなら、２～３人が分担してチェックするとよいでしょう。

3 記入は、初めは負担に感じがちですが、慣れるにしたがって支援サービスの一部になり、支援効果も上がります。

4 毎回の実施直後に、個人累積記録ファイルにまとめて保管します。

5 一定の期間後に、他の記録とともにまとめると、個々人の変化の様子がよくわかります。

II

心も体もリフレッシュ
外出プログラム

1 花見を楽しむ

桜の開花時期になると世間では桜の話がもっぱらで、人々の心をうきうきさせます。花がひとひら咲いたのを見るとほっとし、満開になると目を見張るのも桜ならでは……。外出の機会が少なくなった人をぜひ誘いたいものです。

期待効果 楽しさが表情に出る → 顔がほころぶ → 声を出して喜ぶ
対　象 希望者

実施方法

1 満開の時期を注意深く見守りながら、花見の行事をＰＲし、希望者を募ります。

2 日時、場所、担当者、ボランティアなどを決めて準備をします。

3 車いすの用意を忘れずにしましょう。

4 服装は、天候の急変に対応できるものにしましょう。

5 外に出ている時間は、２時間以内が適当でしょう。

6 画一的に行動するのではなく、人それぞれ興味に差があることに留意しましょう。

7 帰着後、直ちに報告します。

ポイントと注意

●できる限り個々人の興味を満足させるように。

●急病や事故などに十分備えるように。

2 買い物散歩

天気のよい日に、ちょっとした日用品の買い物を兼ねての散歩は、実益に加え、心と体をリフレッシュさせるよい機会となります。また街中の空気（雰囲気）に触れることができます。

期待効果 何となく出かける → 外出に興味をもつ → 喜んで外に出る
対　象 希望者

実 施 方 法

1 大体１週間前に、天気のよい日に“買い物散歩”を実施することを予告します。

2 希望者を募り、人数に合った場所、支援者数などを決めます。

3 各自買い物をするのに必要な小銭を持参します。

4 必要なら、バンなどの配車を手配しましょう。

5 とくに店内では、参加者個々に目を配ります。

6 買い物が難しければ、適切にサポートしましょう。

7 帰着後直ちに報告します。

8 できるだけ早く記録をまとめます。

ポイントと注意

- **スムーズな案内が鍵。**
- **地域の人たちの理解と暖かい心が必要。**

3 神社お参りツアー

たとえ神道信者でなくても、神社は日本人の心のふるさと。とくに歳を重ねるにしたがって神社のたたずまいは心を落ち着かせます。

期待効果 誘われて出かける → 何となく落ち着く → ほんとうに心が清められると感じる

対　象 希望者

実 施 方 法

1 近くの由緒ある神社を調べておきます。

2 ＰＲを始めます。

3 希望者を募り、支援者数を決め、バスが必要なときは手配をします。

4 参拝後、境内を散策する時間をとりましょう。

5 門前に店があるなら、立ち寄りましょう。

6 帰着後直ちに報告しましょう。

7 できるだけ早く記録をまとめましょう。

ポイントと注意

- **個々人が話せる雰囲気をつくる。**
- **トイレの機会を頻繁に。**

4 お花畑見学ツアー

花の咲く時期、お花畑のある地域は気候温暖なところが多いです。天気のよい日を選んで、いろいろな花に触れる機会をつくりましょう。寂しさを忘れ、心が温まるような感じになるもの。心も体もリフレッシュされます。

期待効果 何となく参加 → 美しさを感じる → “きれい”と声に出して感動する

対　象 希望者

実施方法

1 比較的近くて見学できる花園があるかどうか、費用などを調べておきます。

2 見学日時を決め、ＰＲして参加希望者を募ります。

3 経費は受益者負担にします。

4 バスが必要なときは、手配をしておきましょう。

5 園内ではできるだけ自由に見学の機会をとりましょう。

6 担当者は、さりげなく参加者の様子を観察し、必要なときは介助しましょう。

7 帰着後直ちに報告します。

ポイントと注意

- **参加者の心の動きを的確に把握する。**
- **疲れ過ぎないように。**

5 お楽しみデパート・ツアー

デパートは、たくさんの種類の品物があります。食品から文具、服飾類、家具類……。とくに買い物の予定がなくても、見るだけで楽しくなります。現在の流行を感じさせます。

期待効果 誘われて参加 → 興味をひく売り場がある → 雰囲気を感じるだけで楽しい

対　象 希望者

実施方法

1 ツアーの日時を決め、参加者を募集します。

2 参加人数に合わせて担当者、ボランティアを決めます。

3 バスが必要なら、その手配をします。

4 現地では、数グループに分かれて行動しましょう。その際は集合場所、時間などを決めましょう。

5 デパート内での時間は、約１時間が適当でしょう。

6 帰着後直ちに報告します。

ポイントと注意

- **自由な気分にするように。**
- **買い物は適当に。**

6 スポーツ観戦ツアー

かつて若い時代にスポーツをしていた方々は、していたスポーツに限らず、スポーツ試合を観ることも好きなようです。誘ってみてはいかがでしょう。

期待効果 誘われて観る → 飽きずに観る → 熱中して観る

対　象 希望者

実 施 方 法

1 スポーツ試合開催が近づいたら、観戦希望者を募ります。

2 参加者が決まったら、担当者やボランティアを決め、準備を始めます。

3 バスの手配を早めに行います。

4 あらかじめ観戦時間を相談して決めましょう。

5 屋外で観戦する場合は、天候の急変に留意し、寒暖に気をつけましょう。

6 帰着後直ちに報告します。

ポイントと注意

●回想談に花を咲かせるように。

●飽きたときの対処を綿密に。

7 紅葉狩り

花見と同様に、紅葉狩りは日本人の心の奥に安らぎを与えます。とくに紅葉は美しさと同時にわびの世界に引き込む力があります。

期待効果 何となく参加 → 心が少し動く → 声を出して感動

対　象 希望者

実 施 方 法

1 紅葉の美しい場所をあらかじめリストアップしておきます。

2 美しくなる時期を予測し、希望者を募ります。

3 参加者数が決まり次第、担当者数、ボランティア数を決め、バスの手配をします。

4 経費は受益者負担にしましょう。

5 現地では、最大限に自由にふるまえるように努めます。

6 常に全体を把握し、楽しさと安全に留意します。

7 帰着後直ちに報告します。

ポイントと注意

- **時間に余裕をもつ。**
- **トイレに留意すること。**

8 果物狩り

果物狩りは、ブドウをはじめイチゴ、リンゴ、ナシが有名です。時期が近づいたら企画して、閉じこもりがちな高齢者のリフレッシュを手伝いましょう。

期待効果 誘われて参加 → 何となく心が躍る → 喜びを言動に表す
対　象 希望者、その家族／近親者

実施方法

1 それぞれの果物の収穫時期が近づいたら、ＰＲをして参加者を募集します。

2 参加人数により、担当者数、ボランティア数の決定やバスの手配を早めにします。

3 果物園では、係員の指示に従いながら、グループ全体の行動を把握しましょう。

4 参加者がゆとりをもって行動できるように配慮します。

5 参加者個々人の様子をそれとなく観察しましょう。

6 帰着後直ちに報告し、早めに記録をまとめます。

ポイントと注意

●ときどきの声かけが鍵。

●食べ過ぎに注意。

9 山菜採り

山野が近い場所では、山菜の旬がわかります。その頃が山菜採りのシーズン。自分で山菜を採らなくても、その雰囲気を味わうことは楽しいものです。

期待効果 何となく参加 → 若者と接することが楽しい → また来たいと思う

対　象 希望者

実施方法

1 シーズンが近づいたら、趣旨を説明し、参加者を募ります。

2 実際の山菜採りは若いボランティアたちに任せて、それを見守りながら食べられる山菜を選ぶように指示する役をしてもらいます。

3 寒暖に気をつけ、天候の急変に対応できるよう備えておきます。

4 長時間現地にいないように。

5 担当者は全体を把握しながら、参加利用者をさりげなく観察します。

6 帰着後直ちに報告します。

ポイントと注意

●山菜を選ばせるように。

●安全第一に。

10 書道展鑑賞

書道は、高齢者にも若い人にも昔から幅広い人気があります。筆字ならではの柔らかさと強さとを併せもつ魅力を感じさせます。たとえ習っていなくても、他の人の力作を鑑賞することは、自分の血となり肉となるでしょう。

期待効果 誘われて来た → 飽きずに見ることができた → 言動に表すほど感動した

対象 希望者

実 施 方 法

1 常日頃から書道展の開催にアンテナを張っておきます。

2 書道展の開催がわかったら、鑑賞希望者を募ります。

3 参加者が決まったら、その人数に見合う担当者数とボランティア数を決めましょう。

4 バスが必要な場合は、その手配を早めにしましょう。

5 会場では、参加者全員に目を配り、さりげなく観察します。

6 他の種類の展示会にも、この方法が応用できます。

7 帰着後直ちに報告します。

ポイントと注意

- **できるだけ個々人が満足感を抱けるように。**
- **混雑に注意**

11 城(城址)を訪れる

日本の城は、独特の雰囲気を醸し出します。たとえ城址でも当時の面影を彷彿とさせ、神社や仏閣を訪れるのと似た感じをもたせてくれます。城が好きな方は、この機会に腰を上げるでしょう。

期待効果 何となく参加 → 好奇心をもたげる → 言動に表して感じ入る
対　象 希望者、その家族／近親者

実施方法

1 比較的近くに城（城址）があれば企画できます。

2 参加希望者を募ります。

3 準備を十分にしましょう。

4 現地では、自由度を最大限にとりましょう。

5 担当者は、全員の様子に気を配りましょう。

6 帰着後直ちに報告します。

ポイントと注意

●はじめのオリエンテーションが鍵。

●安全第一。

12 ローカル列車に乗ろう

かつての列車マニアは、この企画に全面的に賛成すること請け合い。高齢者になっても、この思いは変わらないでしょう。マニア以外の人であっても、流れる窓外の景色を眺めていると、何となく心が落ち着きます。

期待効果 誘われて仕方なく → 心を少し動かす → 喜びが体一杯
対　象 希望者、その家族／近親者

実 施 方 法

1 あらかじめ適当なローカル列車の運行状況を調べておきます。

2 希望者を募りましょう。

3 経費は受益者負担にします。

4 出発時刻に遅れないように乗車します。

5 席は、原則として参加者の選択に任せましょう。

6 水分補給を十分考えます。

7 帰着後直ちに報告します。

ポイントと注意

●近親者との会話を十分に。

●体調に留意する。

Ⅱ 心も体もリフレッシュ 外出プログラム
利用者の変化を知る そのポイントと方法

■目的は？

外出プログラム実施によって、利用者が喜びを感じているかどうか、その変化（効果）を知り、支援活動の目安として、よりよい支援サービスを目指す。

■対象は？

要支援高齢者

■方法は？

観察・チェック方式

■評価のポイントは？

●観察のポイント

1 観察の前に、利用者の名前と顔が一致するようにします。

2 この観察は、全体を通しての個人の参加状況を見るものです。

3 事前に参加予定者のリストを作り、記号で表す方法を考えておきましょう。

4 できるだけ満遍なく見るように。

●チェックのポイント

1 チェックは、3段階尺度でします。できるだけ迷わずにチェックしましょう。

2 事前にチェックする尺度を覚えておくことが大切です。

3 早くチェックできる人からチェックを始めて、プログラムが終わった時点で済むようにしましょう。

●記録のポイント

1 記録表には、日付、活動名、記録者名を必ず記入します。

2 判断に迷う記述は避けましょう。

3 累積記録と連動して考えましょう。

JILSE外出チェックリスト06

（要支援高齢者用）

年　月　日　曜日	記録者：
活動名：	
氏名：	
障害の種類：	

項目	たいへん積極的／3　積極的／2　ふつう／1

特記事項：

JILSE OUTING FORM 0 6

◆チェックリストの特徴

現場の支援者がチェックしやすいように“3段階チェック方式”を採用。外出全体を通しての観察・チェックだけで済むように作成されています。

◆チェックリストの使い方

1 このチェックリストは、現地に携帯する必要はありません。終わってからのチェックです。

2 累積記録と連動して活用しましょう。

3 チェックのほかに気がついたことは、特記事項（メモ）欄に記入しましょう。

◆チェックリストと個人累積記録との関係

1 このチェックリストを記入し終わったら、直ぐに該当する個人の累積記録と一緒に保管しましょう。

2 一定の期間をおいて、他の記録とともにまとめると、個人の変化の様子がよくわかります。

3 初めは負担に感じることもありますが、慣れてくると利用者への関心がより高まり、支援効果も上がるでしょう。

III

みんなで楽しむ
グループゲーム

1 スーパーマーケット

あらかじめ決めた文字が最初につく品物で、指定した店に売っているものを早く答える対抗ゲームです。

期待効果 思考力アップ、反応速度アップ
用　具 ホワイトボード
隊　形 自由

実施方法

1. ２（数）組に分かれます。
2. ある文字が最初につく品物を売っている店の一般的な総称を、たとえば「八百屋で“に”のつくもの」のように、支援者が言います。
3. みんなは、できるだけ早く、その店に売っている品物名を大きな声で答えましょう。
4. 早く答えた組が勝ちで、得点します。
5. 数回繰り返しましょう。
6. 最後に支援者は「スーパーマーケット」と言って、いろいろな品物を言ってもらいましょう。

ポイントと注意

●声を出す雰囲気づくりが大切。
●地方によっては〇〇屋などに代える。

2 ビンゴ

ビンゴは、18世紀にヨーロッパで広がり、19世紀には世界各地に流行しました。現在でも根強い人気があります。ふつう縦横に5個の数を記入した紙上に、言われた数と合致した数5個を1列に並べられたら勝ちとする遊びです。

期待効果 注意力アップ、反応速度アップ
用　具 5～6回分のビンゴ用紙人数分、筆記用具人数分
隊　形 自由

実施方法

1 それぞれビンゴ用紙と筆記用具を持ちます。

2 支援者は、はっきりみんながわかるようにアットランダムに番号を言います。

3 それぞれ合致する番号に印をつけ、縦横斜めのどれか１列の番号にすべて印がついたら「ビンゴ」と言いましょう。

4 数回繰り返して、当たった回数のもっとも多い人を表彰します。

ポイントと注意

●ルールを十分理解するように。

●番号を言うとき、速すぎないこと。

3 川柳づくり

古くから日本人に愛された川柳を、上の句組、中の句組、下の句組の３組に分かれて、それぞれの句だけを思い思いにつくり、無作為に合わせて一つの川柳にする遊びです。

期待効果 ウイット性アップ、コミュニケーション力アップ
用　具 小紙片（約Ａ版１／４大）人数分
隊　形 ３組に分かれる

実施方法

1. 上の句組は、それぞれ個々に、考えつく上の句５文字を書き入れます。
2. 中の句組は、同じように中の句７文字を書き入れます。
3. 下の句組は、同じく下の句５文字を書き入れます。
4. 各組ごとに読み手を決め、それぞれ書き入れた句を集めておきます。
5. 上の句の読み手は、その一つの句をみんなに聞こえやすく読みます。続いて、中の句、下の句を順に読み上げます。
6. 偶然にウイットに富んだ川柳になったら、みんなで拍手しましょう。
7. 読み上げを続けます。

ポイントと注意

- **動機づけと読み手の人選が大切。**
- **記入拒否、無記入のおそれのある人に対しては不向き。**

4 茶碗取り

昔から、お座敷遊びとして、人気があったといわれる２人ゲームの発展形です。２人が向かい合い、茶碗を真ん中に伏せて置き、リズムに合わせて茶碗を動かす遊び。

期待効果 巧緻性アップ、リズム感アップ
用　具 茶碗かそれに代わるもの１～２個、座布団１枚、低めのテーブル、いす２脚
隊　形 向かい合い

実施方法

1　２人が座布団を挟んで向かい合い、茶碗を座布団の真ん中に置き、握り拳をつくり自分の前に置きます。

2　みんなで「兎と亀」のような４拍子の歌を歌います。

3　交互に、リズムに合わせて茶碗を自分の近くに持ってきたり、取るまねだけをしながら、相手のミスを誘います。

4　互いに間を空けずに同じ動作をします。

5　茶碗を自分のところに持ってきたいときには、茶碗全体を持ち、自分の前に置きます。

6　取るまねだけをしたいときは、手のひらを茶碗の高台に触れ、続いて拳を自分の前に置きます。

7　茶碗が真ん中にないときは、握り拳を座布団の上につけなければなりません。手のひらで座布団に触るとミスになります。また自分の近くに茶碗があるとき、握り掌で高台に触れてもミスです。

8　リズムに合わなかったり、手のつき方のミスがあれば、負けになります。

ポイントと注意

●みんなで歌うことが盛り上げの鍵。

●全体的にゆっくり歌うこと。

5 ふるさと地図づくり

ふるさとの有名な地名や山川は、よく覚えているようでも、その正確な位置関係を地図上に描くとなると困ることもあります。それを逆手にとりながら、ふるさと（出生地）の都道府県の地図を描く遊び。

期待効果 記憶力アップ
用　具 Ａ４版用紙人数分、筆記用具
隊　形 自由

実施方法

1 それぞれ描く地図の都道府県を選びます。

2 まず、選んだ都道府県の形を大きく描きます。

3 大きな３都市名と位置を記入し、高い山３つの名と位置を記入、続いて大きな川３つの形を記入しましょう。

4 終わったら、互いに見せ合い、説明します。

ポイントと注意

- **懐かしさがよみがえるように。**
- **強制的にならないように。**

6 百科事典

いろいろな事柄について知っているものを書き出して、点を取る遊び。脳をトレーニングするのにも最適です。

期待効果 記憶力アップ
用　具 用紙人数分、筆記用具
隊　形 自由

実施方法

1 ある事柄（植物、動物、都市、映画、俳優、歴史上の人物など）を決め、その事柄で知っているものの名前を、同じかな文字が最初につくように、それぞれが書きます。

2 たとえば、植物で「さ」とすれば、「さくら」「さつき」「さざんか」などが考えられます。

3 書き終わったら、みんなで照らし合わせます。同じものを４人以上が書いていたら０点、３人で１点、２人で３点、１人だけならば５点の得点です。

4 最高の合計点であれば、優勝です。

ポイントと注意

●ゲームをただ進行させるだけでなく、話題を多めにするように。

7 赤・白・青

２人で組み、あるものを当てるトリック・ゲームです。みんなでどのようなトリックがあるかを考えましょう。経験者がいるグループには不適です。ご用心、ご用心……。

期待効果 柔軟思考力アップ
用　具 なし
隊　形 自由

実施方法

1 あらかじめ２人が組み、１人がリード役、もう１人はみんなが決めたものを当てる役になります。

2 リードする人が当てるべきものを指すときに、赤（または白か青）がつく形容詞を必ずつけることを、２人だけであらかじめ約束しておきましょう。

3 いよいよ始まり。適当な口上で２人を紹介します。

4 当てる役になっている人に席をはずさせ、その間に当てるべきものをみんなで決めましょう。

5 リード役は当て役が来たら、次々にいろいろなものを指しながら「これですか？」と尋ねます。３～４回したら、赤がつく形容詞をつけてものを指します。たとえば「その赤いセーターですか？」というように。当て役が「そうです！」と答えて、拍手喝采。

ポイントと注意

- ●好奇心を高めるように。
- ●くれぐれも対象状況に合わせること。

8 四角当て

大きな四角形を９つの小さな四角形に等分した模造紙を貼りだしておきます。その９個の小さな四角形の一つを当てるトリックゲーム。リード役の指す位置に要注意。

期待効果 柔軟思考力アップ
用　具 ９等分された大きな四角形を描いた模造紙大の用紙
隊　形 自由

実 施 方 法

1 ２人で組み、１人がリード役になり、他の１人が当てる役になります。

2 ２人は、あらかじめ、ゲームの最初に何気なく当てる四角形の位置を指してから（この時点で当て役は四角形の位置を知る）、アットランダムに違う四角形の位置を指しながら尋ねることを約束します。

3 当て役が席をはずしているうちに、みんなで当てるべき小さな四角形を決めましょう。

4 「ここですか？」と最初に当てるべき小さな四角形の位置を指しながら尋ね、「さてここでは？」などと進めて、最終的に正解させます。

5 「どうして当たるの……？」。好奇心をそそりながらゲームを繰り返しましょう。

ポイントと注意

- **２人の演技協力が鍵。**
- **飽きないうちに終わること。**

9 庄屋拳

この庄屋拳は、昔から親しまれている拳遊びの一つ。２人が向かい合ってする“庄屋”“狐”“鉄砲”の三すくみの遊びです。掛け声やゼスチュアで楽しみましょう。

期待効果 判断力アップ、敏捷性アップ、巧緻性アップ
用　具 なし
隊　形 向かい合い横２列

実施方法

1 「庄屋は鉄砲に勝ち、狐に負ける。鉄砲は狐に勝ち、庄屋に負ける。狐は庄屋に勝ち、鉄砲に負ける」という三すくみルールを説明します。

2 「庄屋は姿勢を正し、腰に両手を当てる。鉄砲は銃を撃つ格好。狐は耳のように両手を頭の上に立てる」と、それぞれのゼスチュアを説明します。

3 向かい合った２人は「よい、よい、よい」という掛け声とともに、拳を始めます。あいこのときは「あいな」といって手拍子をとります。

4 みんなも手拍子をとって応援しましょう。

ポイントと注意

- **みんなの応援が鍵。**
- **速すぎないように。**

10 ゴロゴロ・どすん

丸くなって座り、ものを隣の人に渡す遊びです。単純ですがスリリングです。

期待効果 敏捷性アップ
用　具 浴用タオルか手ぬぐい
隊　形 一重円

実 施 方 法

1 隣同士がごく近くなるよう、中向きに一重円で座ります。

2 「ゴロゴロ……」のコールに合わせて、丸めたタオルを隣に渡し続けます。

3 適当なときに「どすん！」と言い、そのときにタオルを持った人は、自分の名前と好きな食べ物を言います。

4 上手になると、一度に２個のタオルを回すこともできます。

5 また、途中で「ピカピカ……」と反対回りにすることもできます。

ポイントと注意

- **みんながルールをよく理解すること。**
- **投げないで手渡しすること。**

11 番号送り

丸くなって座り、番号を送る間にゼスチュアだけをする遊び。単純なようで意外に戸惑うことが多く、面白い遊びです。

期待効果 判断力アップ
用具 なし
隊形 一重円

実 施 方 法

1 みんな中向きに一重円で座ります。

2 だれからでも「１・２」と順に番号を言います。

3 ３番目の人は、無言で、拍手を一回します。

4 ４番目の人は、無言で、番号の来た方向から指を揃えて体の前を送る格好をします。

5 続いて「５・６」と順に番号を言います。

6 ７番目の人は、無言で、いずれかの方向に、指を揃えて伸ばした手を頭の上から送る格好をします。

7 １に戻って繰り返します。

8 間違えた回数のもっとも多い人が自己紹介をしましょう。

ポイントと注意

- **みんながルールをよく理解すること。**
- **あまり急がせないように。**

12 字作り

マッチ棒を使った遊びの一種です。３本のマッチ棒のうち１本だけを動かして違う文字を作ります。少人数でするには楽しい遊びです。

期待効果 柔軟思考力アップ
用　具 希望者、その家族／近親者
隊　形 少人数一重円

実 施 方 法

1　３～４人でテーブルを囲みます。

2　テーブル上に３本のマッチ棒で一つの字を作り、次に隣の人がそのうちの１本だけ動かして違う字を作ります。

3　順に違う字作りを続けますが、わからないときは３回までパスできます。

4　パスを４回したら失格です。

ポイントと注意

●気楽さを強調するように。

●個人的に負担を感じさせないこと。

13 尻とり遊び

昔から4・5人集まって退屈すると、尻とり遊びを楽しんだようです。頭の働きを活性化させるためにもよい簡単な遊びです。少人数に分かれて楽しみましょう。

期待効果 柔軟思考力アップ
用　具 なし
隊　形 少人数一重円

実施方法

1 小人数に分かれて、中向きに一重円で座ります。

2 だれかが、あるものの名称を言います。次の人は、言葉の最後の音(おん)が初めにくるようなものの名称を言います。以後順に続けます。

3 終りに「ん」がつく場合は、その前の音(おん)を使いましょう。

4 わからないときは、３回までパスできます。４回できないと減点されます。

5 減点者が出たら、また新しく繰り返しましょう。

ポイントと注意

- **互いに思いやりを尊重するように。**
- **わからない人には急がせないように。**

III みんなで楽しむ グループゲーム

利用者の変化を知る そのポイントと方法

■目的は？

グループゲームに参加することは、みんなと一緒に楽しむことが目的。この機会に利用者が個人的に楽しめているかどうか、その変化（効果）を知り、よりよい支援活動を目指す。

■対象は？

要支援高齢者

■方法は？

観察・チェック方式

■評価のポイントは？

グループゲームにおいて“利用者の変化を知る”ためには
①全体的にどれほど参加し得たかを観察する（参加度）
②ゲームがどれほどできたかを観察する（達成度）
などの観察機会があります。したがって観察項目を２つに大別してあります。

●参加度の観察のポイント

1 ゲームを主にリードする支援者が慣れている場合は、その本人が担当できます。

2 慣れていない支援者は、できることならベテランに依頼しましょう。

3 小さなカードを用意します。全体を満遍なくよく見るようにしましょう。

4 気になること、あるいはとくに気がついたことなどを、名前だけ目立たなく、手早く記入しておきます。

5「チェックしなければならない」と、あまり気負わずに気を楽にしてください。

●達成度の観察のポイント

1 パートナーが担当しましょう。

2 小さなカードを用意します。

3 ゲーム中は、満遍なくよく見るようにして、目にとまった人の名前をチェックします。

4 無理して全員をチェックしようとしないで、ゆとりをもちながら観察しましょう。

JILSE参加度チェックリスト06

（要支援高齢者用）

年　　月　　日　　曜日	記録者：
活動名：	
氏名：	
障害の種類：	
態度変化	進んで参加／3　　よく参加／2　　何となく参加／1
特記事項：	

JILSE GAME FORM０６

JILSE達成度チェックリスト06

（要支援高齢者用）

年　月　日　曜日	記録者：
活動名：	
氏名：	
障害の種類：	
達成の度合い	たいへんよくできる／3　よくできる／2　できる／1
特記事項：	

JILSE GAMBACHIEVEMENT FORM０６

◆チェックリストの使い方

1 参加度記録と達成度記録は、全体資料の一部として時系列に並べて比較することが大切です。

2 記録は記入だけに止まらず、必ず有効活用を考えましょう。

3 記録以外に気がついたことは、特記事項（メモ）欄に記入を忘れずにしましょう。

Ⅳ

健康いちばん 手軽な体操

1 トントトン・パッ体操（両手編）

単純な動きで、みんなが愉快になり笑顔でできる体操です。気持ちがすぐれないときにも最適です。いつでも、どこでも、だれにでもお勧めしたいものの一つです。

期待効果 上肢の筋力アップ、血行促進、リズム感アップ、気力アップ

用　具 なし

隊　形 自由

実 施 方 法

1 みんな「トントン」と言いながら拍手を２回元気よくします。

2 続けて「パッ」と口を大きく開けて、両手を広げましょう。

3 少なくても６回以上繰り返しましょう。

4 互いに見合って目を大きく開いたり、両手を上げたり、面白い格好をしましょう。

ポイントと注意

●動作と動作の間に、合いの手の掛け声をつけるように。

●人見知りをする人には強制しないように。

2 トントン・パッ体操(手足編)

両手編のバージョン２で、手の動作に加えて足の動作もする体操です。両手編より多少難しくなり、運動量も多くなりますが、慣れてくると体が自然に動くものです。腰掛けていてもできます。

期待効果 上肢の筋力アップ、脚筋力アップ、リズム感アップ、気力アップ
用　具 なし
隊　形 自由

実施方法

1 最初は「トントン・パッ」と言いながら拍手を2回元気よく、両手だけでします。

2 足の動作を加えましょう。「トントン」のときは、両足揃えて軽く弾みます。

3 「パッ」のときは、パッに合わせて、足を開きましょう。

4 開いた足を元に戻します。

5 以上の動作をするときも、両手の動作を忘れないように。

ポイントと注意

- **足の動作を小さくするとやりやすい。**
- **よくできないときは、ゆっくりするとよい。**

3 山登り歩き

目的なしに歩くことは、辛いという感じが先行しがち。しかし、美しい山に登るという目的を想像することで、“楽しく歩ける”ことに変身します。腰掛けていても、足を鍛えることができます。気力もバッチリ。

期待効果 脚筋力アップ、血行促進、心肺機能アップ、気力アップ
用具 なし
隊形 自由

実施方法

1 「さあ、みんな山登りに出かけましょう。初めは、ふつうの速さで歩きます」と言って始めます。

2 ふつうの速さで32呼間その場足踏みをした後、「山にさしかかりました」と16呼間腿を少し高めに上げてゆっくり足踏みします。

3 「頂上に着きました！」と言って、深呼吸を２回しましょう。

4 「次は下山です」と言いながら、肩の力を抜いて32呼間小走り足踏みをします。

5 「さあ、平地です」と、肩の力を抜いたまま、ゆっくり16呼間足踏みします。

ポイントと注意

●できるだけ実感させるように。

●その場の様子を見て動きを加減する。

4 飛び石渡り

庭の飛び石を足をはずさずに渡るように、バランスをとりながら歩幅を大きく、ゆっくり歩く体操です。できるだけ長く片足で立つことにトライしませんか？

期待効果 バランス力アップ、脚筋力アップ
用　具 なし
隊　形 自由

実　施　方　法

1 両足を少し開いて立ちます。

2 バランスをとりながら、ゆっくり片足を高めに上げて、ゆっくり静かに下ろします。

3 他方の足を同じようにゆっくり高めに上げて、ゆっくり静かに下ろしましょう。

4 10歩繰り返して、１クール（一連動作の区切り）です。

5 できる人は、２クールに挑戦してみましょう。

ポイントと注意

●心を集中させるように。

●腿を急に高く上げないように。

5 ハーフスクワット（股わり）

相撲取りが足腰を強くするには、“四股と股わり”をするに限るといわれています。少なくとも1日1回をモットーにして実行しましょう。

期待効果 脚筋力アップ、股関節可動域アップ、気力アップ
用具 なし
隊形 自由

実施方法

1 両足を広めに開いて立ちます。

2 姿勢を正して、両膝をできるだけ外側に開きながら曲げて腰を落としていきます。

3 腰を半ばまで落として両手を膝上にあて、２・３回軽く両膝を曲げ伸ばしします。

4 できるだけ背すじを伸ばすようにしながら、その姿勢を保ちましょう。

5 ゆっくり両膝を伸ばして、元の姿勢に戻ります。

6 できれば、３回以上繰り返しましょう。

ポイントと注意

●前かがみにならないように。

●無理しないように。

6 天突き体操

昔から元気を出すために、この体操が親しまれてきました。時代は変わっても依然として、足腰を強め、元気を出すには効果的です。つまらないことも忘れてしまいます。

期待効果 脚筋力アップ、気力アップ、姿勢キープ力アップ
用　具 なし
隊　形 自由

実施方法

1 両足を少し広めに開き、拳をつくり、肩の位置に両腕を曲げ、両膝を少し曲げます。これが用意の姿勢です。

2 「よいさ」と元気よく声を出しながら、両拳を上に上げると同時に、両膝を伸ばします。

3 体を上に伸ばしたら直ぐに「よいさ」と声を出しながら、用意の姿勢に戻ります。

4 この動作を８回繰り返します。

5 できる人は、12回以上繰り返しましょう。

ポイントと注意

●元気な声が鍵。

●姿勢を崩さないように。

7 空手拳

空手をした人は、もちろん知っていますが、基本的な突きに似た動作です。心を落ち着けるためにも、気力や集中力を増すにもよい体操です。

期待効果 上肢筋力アップ、姿勢キープ力アップ、気力アップ、集中力アップ

用　具 なし

隊　形 自由

実 施 方 法

1 両足を肩幅に開き、両手は体の横に下げて姿勢を正します。

2 「ヤッ！」と声を鋭く出しながら、片手は拳をつくり（手の甲は上に）前に突き出します。

3 それと同時に、他方の腕を曲げ、脇を締めて体側に引きつけます。

4 この動作を交互に８回繰り返します。

5 一休みして、もう８回しましょう。

ポイントと注意

●目を見開き、鋭い声を出すように。
●前かがみにならないように。

8 1人腕相撲

外国ではアームレスリングといって、腕相撲の人気が高まってきました。見ているだけで力が入りそうですね。これは、1人だけでもできるのです。高齢になってからもできます。

期待効果 上・前腕筋力アップ
用　具 なし
隊　形 自由

実 施 方 法

1 立っていても、座っていても姿勢を正します。

2 両腕の前腕部分を、肘を曲げて体の前で交差します。

3 片方の腕は引くように、他方の腕は押すように、互いに徐々に力を入れます。

4 ８を数える間、互いに力を入れ合いましょう。

5 腕を交替して、同じ動作をします。

6 左右４回ずつ繰り返します。

ポイントと注意

- **左右同じ力を入れるように。**
- **呼吸を止めないように。**

9 指間タッピング

高齢になると、動きが遅くなり正確さも衰えてくるものです。この現象は自然なもので、なげくことではありませんが、“でも若さをキープしたい”という欲求もまた自然。それを実現させる手はあるのです。テレビを観ている間にも手軽にできるこの体操をどうぞ。

期待効果 巧緻性アップ、敏捷性アップ、集中力アップ
用具 なし
隊形 自由

実 施 方 法

1 腰掛けて、自分の腿に指を広げた手を置きます。

2 他方の手の人差し指を立てて、指を広げた手の親指の方から指の間を順にタッピングします。

3 小指のところまでタッピングしたら、続いて引き返します。

4 指と指が触れないように、できるだけ速くスムーズにできるように挑戦します。

5 以上の動作を繰り返し、４往復しましょう。

6 手を替えて、同じ動作をしましょう。

ポイントと注意

●力まずに集中できるように。

●爪を長くしておかないこと。

10 腕のリラックス

筋力を鍛える運動をすると、疲れがたまります。そのままにしておくと、回復が遅くなります。筋肉を緩めて血行をよくさせた方が早く疲れがとれます。意識的にリラックスさせましょう。

期待効果 腕の血行促進、疲労除去
用　具 なし
隊　形 自由

実施方法

1 両肘を曲げて、少し前上に上げます。

2 両手の力を抜いて下に振り、そのまま力を抜いて下げておきましょう。

3 この動作を、ゆっくり４回繰り返しましょう。

4 この体操は、立っていても腰掛けていてもできます。

ポイントと注意

- **心もゆったりさせるように。**
- **決して力まないこと。**

11 上体の横ひねり

日常生活ではどちらかといえば、からだを前に曲げる動作が多くあります。でもからだを横にひねる動作も多いもの。うっかりひねると、からだを痛めかねません。ふだんから横ひねりに慣らしておきましょう。

期待効果 体側筋（主に広背筋）の血行促進、上体の柔軟性アップ
用　具 なし
隊　形 自由

実施方法

1　両足を肩幅に開いて、姿勢を正して立ちます（腰掛けたままでもできます）。

2　腰に両手をあて、上体をゆっくり左（右）に横ひねりをします。

3　上体を正面にゆっくり戻します。

4　次に逆の方に、同じようにひねります。

5　顔を先に左（右）に回すようにすると、ひねりやすくなります。

6　少なくとも４往復させましょう。

ポイントと注意

●自然な呼吸をするように。

●急にひねらないように。

12 首のストレッチ

高齢になると、首すじから肩にかけて凝ることが多いものです。こまめにこの体操をしましょう。

期待効果 首すじの血行促進
用　具 なし
隊　形 自由

実施方法

1 腰掛けたままで、姿勢を正します。

2 右手を頭の左側にあてて、右斜め前下に軽く押し下げます。

3 ４を数える間、押し下げを続けます。

4 ゆっくり元に戻しましょう。

5 反対側にも同じ要領でしましょう。

6 左右それぞれに４回ずつ繰り返します。

ポイントと注意

●自然な呼吸をするように。
●強すぎないように押すこと。

13 ○(まる)の字深呼吸

ゆっくり深く呼吸することは、心を落ち着け、集中力を高めます。またからだもリラックスさせます。少なくても1日数回はトライしましょう。

期待効果 安定心アップ、集中力アップ
用　具 なし
隊　形 自由

実 施 方 法

1 腰掛けたまま、姿勢を正して目を軽く閉じます。

2 両手で前下から交差するようにゆっくり円を描きます。

3 ゆっくり動かし続けます。

4 ４回同じ方向に回したら、反対方向にも４回回しましょう。

5 リラックスしていることを感じることでしょう。

ポイントと注意

●呼気を意識的にするように。

●決して急がないように。

Ⅳ 健康いちばん 手軽な体操
利用者の変化を知る そのポイントと方法

■目的は？

体操を楽しく、ある一定期間実施することによって、利用者がどの程度体力をもっているか、その変化を知り、よりよい支援サービスを目指す。

■対象は？

要支援高齢者

■方法は？

JILSE体力テスト（ADLアプローチ）

■体力テストの項目は？

基本的な動きを含む５つの運動からなる。各運動は以下の通り。

片足立ち

評価対象：バランスを保つ動作力（主に支持脚筋力／バランス力）

用具：ストップウォッチ

方法：1　両足を揃えて立ちます。

2　両手を腰にあて、利き足で立ち、他の足を静かに床から離します。

3　どれほど長く片足で立てることができるかを試します。

注意：必ず介助者がつきましょう。

スクワット

評価対象：かがむ／立ち上がる動作力（主に脚筋力／膝・足首の柔軟性）

用具：なし

方法：**1**　両足を肩幅に開いて立ちます（両手は自由に）。

2　両膝をゆっくり深く曲げます。

3　曲げ終わったら、直ぐに膝を伸ばしながら立ち上がります。

4　続けて同じ動作を繰り返しましょう。

5　最大3回までします。

注意：必ず介助者がつきましょう。無理しないように。

大幅歩き

評価対象：歩く力（主に脚筋力／大腿四頭筋）

用具：（メジャー）

方法：1　両足を揃えて立ちます。

2　歩幅をできるだけ大きくとるようにして歩き始めます。

3　５歩以上歩くことを目標にしましょう。

注意：必ず介助者がつきましょう。無理して大股にならないように。

ペットボトルつかみ上げ

評価対象：つかむ力（主に前腕筋力）

用具：水入りペットボトル３種類（280ml、350ml、500ml）

方法：**1**　テーブルの上にペットボトルを３種類並べます。

2　もっとも軽いペットボトルの栓部分を利き手でつかみ、腕を伸ばして肩の高さまで上げます。

3　トライは１回だけです。

4　成功したら、次の重さのペットボトルにトライしましょう。

注意１：栓を堅くしておきます。トライする前に必ず感触を確かめるように。

注意２：栓の部分だけを指先でつまみ、栓の下部分にひっかけないように。

渦巻き双六

評価対象：手を正確に速く動かす力（敏捷性／巧緻性）

用具：Ａ３大用紙に渦巻きの図、マーカー（中）人数分

方法：**1**　10の区画（中心を含む）に分けた三重の渦巻きをテーブル上に用意します。

2　利き手で持ったマーカーで、外側のスタートから順に、10秒以内で、一つずつの区画内に軽くタッピングをして中心まで進み、引き返します。

3　区画をはみ出してタッピングすると、減点になります。

4　トライは１回だけです。

体力テスト（ADLアプローチ）

（要支援高齢者用）

年　　月　　日　　曜日	記録者：
活動名：	
氏名：	
障害の種類：	

片足立ち	できない／1 約10秒以内でできる／2 約20～30秒以上でできる／3
スクワット	できない／1 かろうじて１回できる／2 ２回以上できる／3
大幅歩き	できない／1 ２～３歩連続してできる／2 ５歩以上連続してできる／3
ペットボトルつかみ上げ	280mlをつかみ上げた／1 350mlをつかみ上げた／2 500mlをつかみ上げた／3
渦巻き双六	遅く区画をはみ出すことが多い／1 2、3区画をはみ出すことがあるが時間内にできる／2 正確、かつスムーズにできる／3
計	

特記事項：

JILSE FTFORM０６

◆体力テスト記録の使い方

1 個人ごとの体力テスト記録を、全体記録の一部として、時系列に並べて比較することが大切です。

2 体力テスト記録以外に気がついたことがあれば、特記事項（メモ）欄に記入を忘れずにしましょう。

3 体力テストは、２か月～３か月の間隔をおいて実施します。プログラム開始直前には必ず行いましょう。

◆体力テストを成功させるポイント

1 あくまで“自由に、楽しく”をモットーにしましょう。

2 担当者は、あらかじめ綿密に打ち合わせをしましょう。

3 役割・分担をきちっと守り、協力を惜しみなくしましょう。

4 指示はわかりやすく、強制的・事務的にならないように暖かくしましょう。

5 判定は、事実を直感し、迷わず素直にチェックしましょう。

6 やりっぱなしにならないように努力しましょう。

※支援の仕方が鍵になります。安全第一に行いましょう。

株式会社　余暇問題研究所

1984年設立。健康・体力づくり、余暇教育・レクリエーションなどの領域についてのコンサルテーション・指導・調査研究などを手がける。

〒152-0031　東京都目黒区中根1-2-7-401
TEL：03-5726-0732　FAX：03-5726-0683
E-mail：jilse@s6dion.ne.jp

[編者紹介]

山崎律子●やまざき りつこ

現職：㈱余暇問題研究所代表取締役、主席研究員
東京都出身。1979年東海大学大学院体育学研究科修士課程修了（レクリエーション専攻)。大学院生時代から航空会社客室乗務員に対しての健康・体力づくり指導、企業・労組のレクリエーション指導、青少年の野外活動の指導などに携わる。1984年現研究所を設立、現在に至る。以来、大学、専門学校の非常勤講師、専門学会などの常任理事、"レクリエーション・セミナー"の主催事業のほか、地方自治体・民間団体主催の高齢者レクリエーション活動支援法の講演・研修会依頼に東奔西走する第一人者。
主著：『現代人とレジャー・レクリエーション』不昧堂出版（1997)、『アメリカの公園・レクリエーション行政』不昧堂出版（1999)、『心も体もすっきり体操』ミネルヴァ書房（1999)、『シニアのレクリエーション活動――支援のヒントと実際』ミネルヴァ書房（2004）その他多数。

上野 幸●うえの ゆき

現職：㈱余暇問題研究所取締役、主任研究員
東京都出身。1980年東海大学体育学部社会体育学科卒業（レクリエーション、生涯スポーツ専攻)。卒業後すぐこの道に入り、1984年山崎とともに現研究所を設立、現在に至る。早くから高齢者福祉領域に着目し、ユニークな"高齢者の余暇活動"についての継続面接研究を手がける。地方自治体職員や企業人への健康・体力づくり、リラクセーション指導に関わるとともに定期的に、横浜市中央職業訓練校、東京都文京区福祉センター講師などを勤める。また、高齢者福祉施設などのレクリエーション・プログラムも担当。
主著：『たのしい要介護シニアの運動・スポーツ――支援のヒントと実際』ミネルヴァ書房（2002)、『シニアの転倒予防に役立つ体操・ゲーム――支援のヒントと実際』ミネルヴァ書房（2004）他。

介護予防に役立つ
閉じこもり予防のレクリエーション活動支援マニュアル

2006年10月10日 初版第1刷発行　　検印廃止

定価はカバーに
表示しています

編　者	山　崎　律　子 上　野　　　幸
著　者	余暇問題研究所
発行者	杉　田　啓　三
印刷者	米　屋　　　功

発行所 株式会社 ミネルヴァ書房

607-8494 京都市山科区日ノ岡堤谷町1
電話 075-581-5191／振替 01020-0-8076

ワコープラネット

ISBN4-623-04695-8

Printed in Japan